Thayanne Gabryelle • Vilza Carla

Nova Edição
Essa Mãozinha vai longe
Caligrafia

2
Educação Infantil

Editora do Brasil

Dados Internacionais de Catalogação na Publicação (CIP)
(Câmara Brasileira do Livro, SP, Brasil)

> Gabryelle, Thayanne
> Essa mãozinha vai longe: caligrafia 2: educação infantil / Thayanne Gabryelle, Vilza Carla. – 5. ed. – São Paulo: Editora do Brasil, 2019.
>
> ISBN 978-85-10-07445-2 (aluno)
> ISBN 978-85-10-07446-9 (professor)
>
> 1. Caligrafia (Educação infantil) I. Carla, Vilza. II. Título.
>
> 19-26134   CDD-372.634

Índices para catálogo sistemático:
1. Caligrafia: Educação infantil 372.634
Maria Alice Ferreira – Bibliotecária – CRB-8/7964

© Editora do Brasil S.A., 2019
Todos os direitos reservados

Direção-geral: Vicente Tortamano Avanso

Direção editorial: Felipe Ramos Poletti
Gerência editorial: Erika Caldin
Supervisão de arte e editoração: Cida Alves
Supervisão de revisão: Dora Helena Feres
Supervisão de iconografia: Léo Burgos
Supervisão de digital: Ethel Shuña Queiroz
Supervisão de controle de processos editoriais: Roseli Said
Supervisão de direitos autorais: Marilisa Bertolone Mendes

Supervisão editorial: Carla Felix Lopes
Edição: Monika Kratzer
Assistência editorial: Beatriz Pineiro Villanueva
Auxílio editorial: Marcos Vasconcelos
Copidesque: Gisélia Costa
Revisão: Alexandra Resende
Pesquisa iconográfica: Elena Ribeiro
Assistência de arte: Lívia Danielli
Design gráfico: Talita Lima
Capa: Talita Lima
Edição de arte: Patrícia Ishihara
Imagem de capa: Luara Almeida
Ilustrações: Camila de Godoy, Carolina Sartório, HeartCRFT/Shutterstock.com (ícones), Lorena Kaz e Silvana Rando
Coordenação de editoração eletrônica: Abdonildo José de Lima Santos
Editoração eletrônica: Gabriela César e Wlamir Miasiro
Licenciamentos de textos: Cinthya Utiyama, Jennifer Xavier, Paula Harue Tozaki e Renata Garbellini
Controle de processos editoriais: Bruna Alves, Carlos Nunes, Rafael Machado e Stephanie Paparella

5ª edição / 10ª impressão, 2024
Impressão: PifferPrint

Editora do Brasil
Avenida das Nações Unidas, 12901
Torre Oeste, 20º andar
São Paulo, SP – CEP: 04578-910
Fone: +55 11 3226-0211
www.editoradobrasil.com.br

abdr
ASSOCIAÇÃO BRASILEIRA DOS DIREITOS REPROGRÁFICOS
Respeite o direito autoral

Apresentação

Olá, querida criança!

Este é seu livrinho de Caligrafia!

Nele, você encontrará muitos exercícios atrativos e coloridos, que a estimularão a fazer traçados, pinturas e atividades lógicas como padrões e sequências, a escrever letras e números com legibilidade e fluência, a reconhecer formas geométricas e a construir muitos outros conhecimentos.

Tudo isso por meio de brincadeiras, já que sabemos que você adora brincar, não é mesmo? Assim, você realizará as atividades escolares com prazer e alegria.

Um grande beijo das autoras.

Canção para aprender a escrever

Pego o lápis com três dedos
Deixo dois a descansar,
Seguro pertinho da ponta.
Vou escrever, vou desenhar!

Com o pulso dobradinho
Suavemente na mesinha,
Vou brincando e cantando
Ao traçar cada letrinha.

Cantiga escrita especialmente para esta obra.
(Melodia: Terezinha de Jesus.)

Currículos

Thayanne Gabryelle*

- Licenciada em Pedagogia
- Especializada em Pedagogia aplicada à Música, à Harmonia e à Morfologia
- Professora do Ensino Fundamental nas redes particular e pública de ensino por vários anos
- Professora do curso de formação de professores do Ensino Fundamental
- Autora de livros didáticos de Educação Infantil e Ensino Fundamental

*A autora Celme Farias Medeiros utiliza o pseudônimo de Thayanne Gabryelle em homenagem à sua neta.

Vilza Carla

- Graduada em Pedagogia, com habilitação em Orientação Educacional
- Pós-graduada em Psicopedagogia
- Autora da **Coleção Tic-Tac – É Tempo de Aprender**, de Educação Infantil, pela Editora do Brasil
- Vários anos de experiência com crianças em escolas das redes particular e pública, nas áreas de Educação Infantil e Ensino Fundamental

Sua mãozinha vai longe...

Ó mãozinhas buliçosas!
Não me dão sossego e paz,
Volta e meia elas aprontam
Uma reinação: zás-trás!
[...]

Mas se chegam carinhosas
Quando querem me agradar
— Que delícia de mãozinhas!
Já não posso me zangar...

Não resisto às covinhas,
À fofura, à maciez
Das mãozinhas buliçosas:
Me derreto duma vez!

Tatiana Belinky. **Cinco trovinhas para duas mãozinhas**.
2. ed. São Paulo: Editora do Brasil, 2008. p. 4, 11 e 12.

Sumário

Coordenação motora 7-18

As vogais
a, e, i, o, u 19-28
Revendo as vogais 29-31

As consoantes e suas famílias

b 32, 33	l 46, 47	t 60, 61
c 34, 35	m 48, 49	v 62, 63
d 36, 37	n 50, 51	x 64, 65
f 38, 39	p 52, 53	z 66, 67
g 40, 41	q 54, 55	k 68
h 42, 43	r 56, 57	w 69
j 44, 45	s 58, 59	y 70

Alfabeto 71

Números
De 0 a 9 72-80
Revendo os números 81
Números até 29 82

Figuras geométricas
Círculo 83
Quadrado 84
Triângulo 85
Revendo as figuras geométricas 86

Datas comemorativas
Páscoa 87
Dia do Índio 88
Dia das Mães 89
Festas Juninas 90
Dia dos Pais 91
Dia da Árvore 92
Dia Mundial dos Animais 93
Dia da Criança 94
Dia do Professor 95

Coordenação motora

O macaco come bananas.
Ele é esperto e brincalhão.
Pula de galho em galho.
O nome dele é Tião.

Quadrinha elaborada especialmente para esta obra.

Pintura livre.

Vou ali e volto já!
Vou comer maracujá!

Chula de palhaço.

Cubra os tracejados para completar o nariz dos palhacinhos e desenhe um nariz nos palhacinhos que não o têm. Depois, pinte-os.

Lá vem o pato
Pata aqui, pata acolá
Lá vem o pato
Para ver o que é que há. [...]

O pato. Vinicius de Moraes. In: **A arca de Noé: poemas infantis**. São Paulo: Cia das Letras, Editora Schwarcz, 1991. p. 40.

Passe o dedo sobre cada traçado. Depois, cubra os pontilhados e desenhe a água do último caminho. Por fim, pinte os patinhos.

Formiguinha

Ó minha formiguinha,
Deixa essa palhinha.
Procura migalhinha,
Que é melhor comidinha!

Qorpo Santo.

Cubra os pontilhados e desenhe anteninhas iguais na formiguinha da mesma linha.

O rato roeu a roupa do rei de Roma.

Trava-língua.

Passe o dedo no caminho que leva o rato até a roupa do rei. Depois, cubra o pontilhado.

11

*O gatinho da vovó
só faz miau, miau!
Mamãe disse que o gatinho
mia pedindo mingau.*

Quadrinha escrita especialmente para esta obra.

Passe o dedo sobre o caminho que leva cada gatinho a um novelo. Depois, cubra os tracejados.

*Foi na loja do mestre André
Que eu comprei um tamborzinho.
Tum, tum, tum, um tamborzinho. [...]*

Cantiga.

Passe o dedo sobre os tracejados e cubra-os com lápis de cor. Depois, desenhe o que falta no último tamborzinho.

Um besouro, desajeitado,
caiu do lado errado.
Balançou o seu corpo pesado
pra lá e pra cá,
até ficar enjoado.
Coitado!

Denise Rochael. **Proibido para maiores**.
São Paulo: Formato Editorial, 2010. p. 6.

Passe o dedo sobre os pontilhados e cubra-os com lápis de cor. Depois, trace o movimento do voo do último besouro.

Cubra os tracejados e desenhe o bigode nos bichinhos que não o têm.

Caracol que dorme ao Sol
Onde está tua mãezinha?
Ela foi para o farol
Pra ver o brilho do Sol. [...]

Maria Hilda de Jesus Alão. **Caracol**.
Disponível em: <www.recantodasletras.com.br/infantil/1562422>.
Acesso em: jan. 2019.

Passe o dedo sobre os tracejados e cubra-os com lápis de cor. Depois, desenhe o que falta nos outros caracóis.

Adivinhe, se puder!
Leva um tapa e voa sapeca.
Não é borboleta, é uma...

Adivinha escrita especialmente para esta obra.

Passe o dedo sobre o pontilhado e cubra-o usando as cores indicadas pelos pontos. Depois, pinte a peteca.

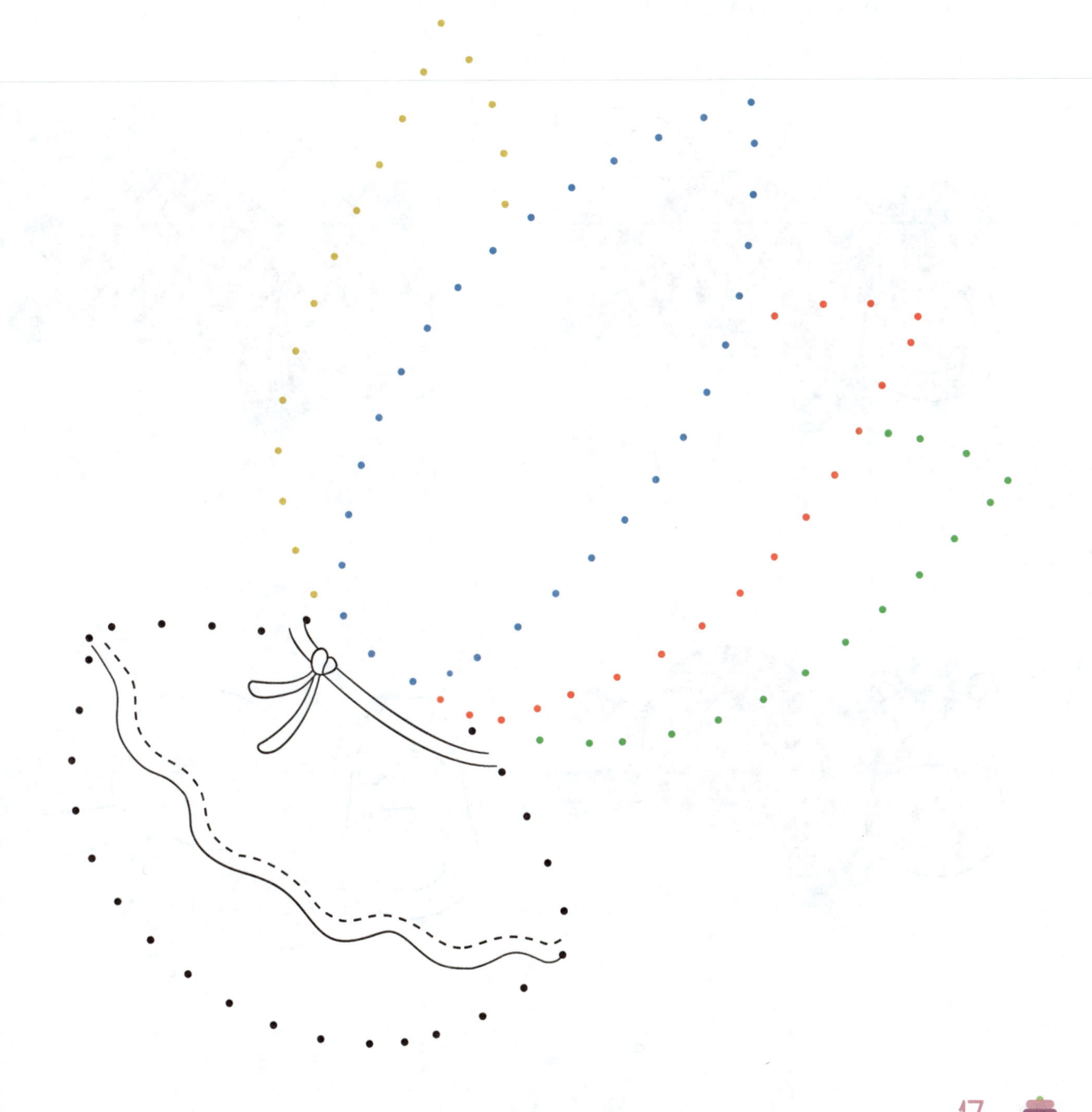

*Quem me dera ter agora,
um cavalinho de vento,
para dar um galopinho
onde está meu pensamento.*

Quadrinha.

Cubra os tracejados e desenhe o que falta nos outros bichinhos. Depois, pinte o último cavalinho.

As vogais
Vogal a

Cubra o tracejado da vogal a e pinte a aranha.

Tão lindas as aranhas
Tão belas, tão eternas
Pois caem do teto
E não quebram as pernas!

Qorpo Santo.

aranha

Cubra o tracejado da vogal a e escreva-a dentro de cada abelha.

Vogal e

Cubra o tracejado da vogal e e pinte o elefante.

Um passo, depois outro, num andar bem elegante... Entre olhos curiosos, segue em frente o elefante.

Jótah. **Ele é Fante? Um estranho na Amazônia**. São Paulo: Editora do Brasil, 2011. p. 4-5.

elefante

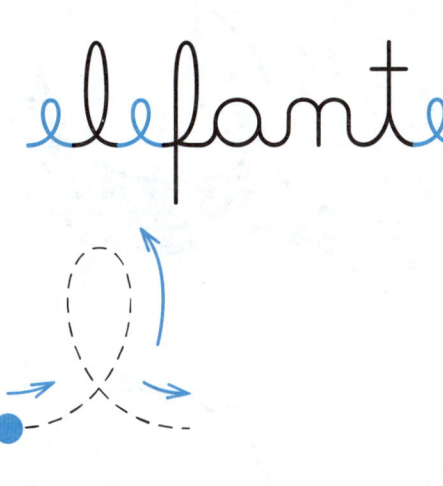

21

Cubra o tracejado da vogal ℓ e escreva-a dentro de cada escova.

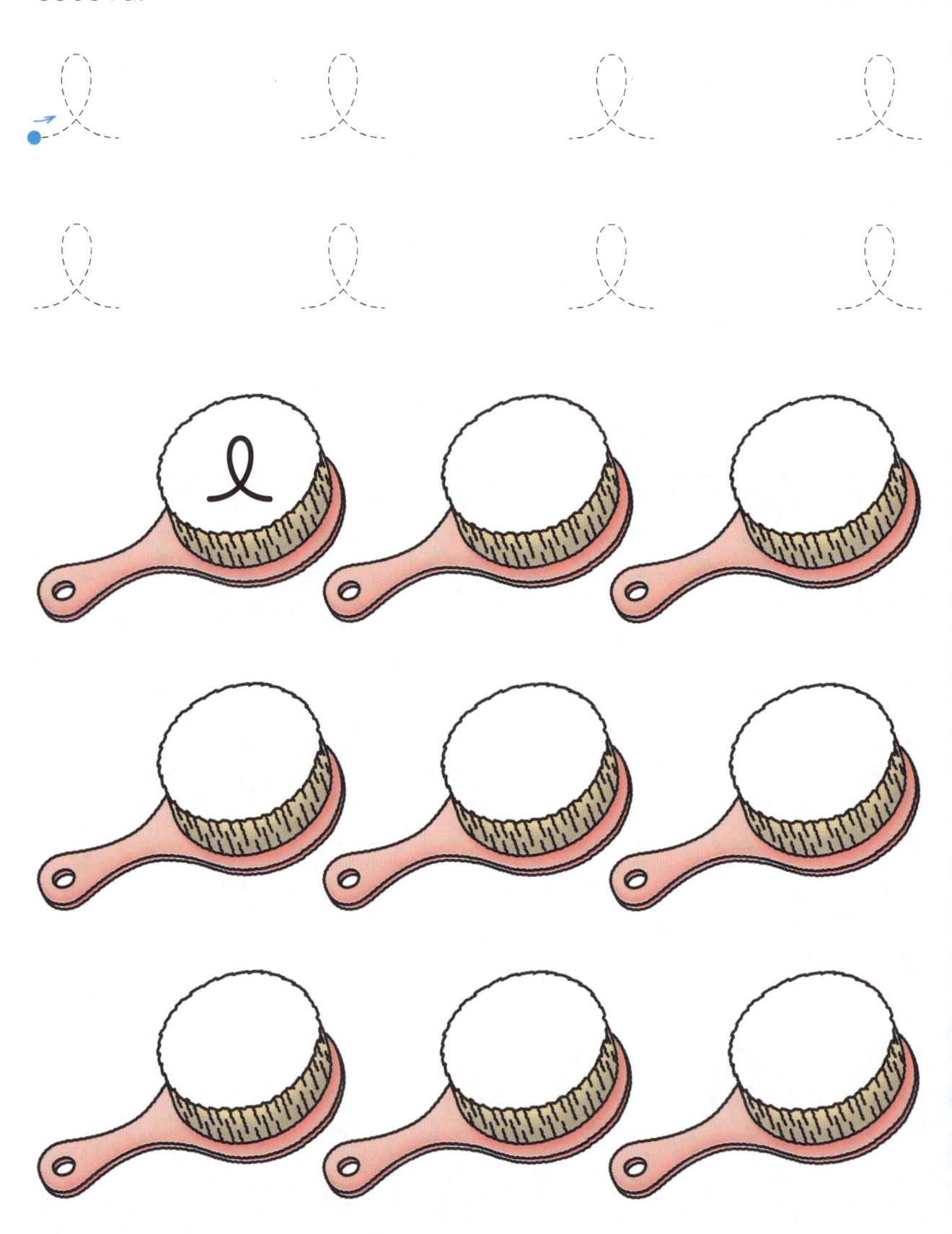

Vogal i

Cubra o tracejado da vogal i e pinte o iogurte.

Sou o iogurte do potinho.
Sou bebida apreciada.
Saboroso e geladinho,
Alegro a garotada.

Quadrinha escrita especialmente para esta obra.

iogurte

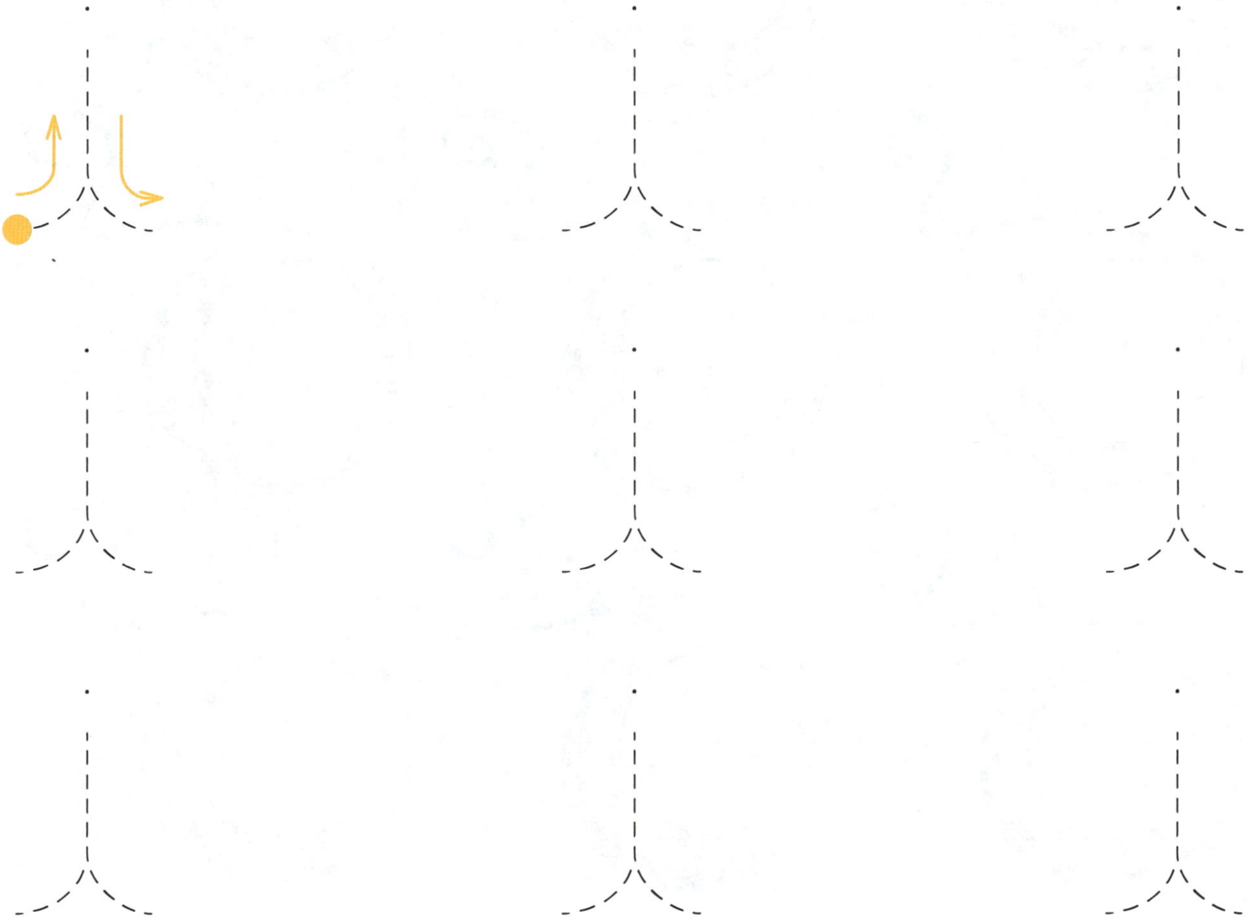

Cubra o tracejado da vogal i e escreva-a dentro de cada ioiô.

Vogal o

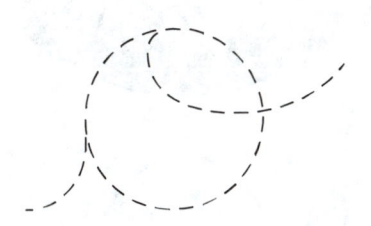

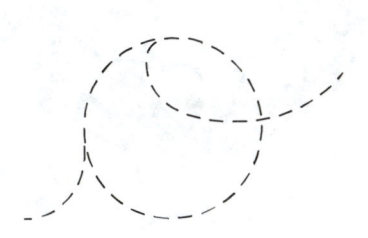

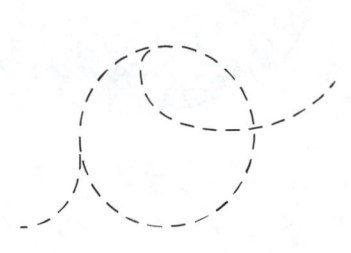

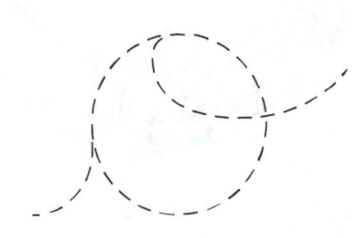

Cubra o tracejado da vogal o e pinte a ovelha.

Eu sou a ovelhinha
Toda cheia de algodão.
Te dou a lã e o leite
De todo meu coração!

Quadrinha escrita especialmente para esta obra.

ovelha

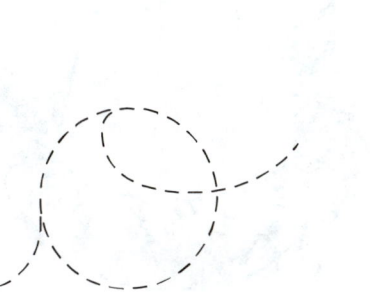

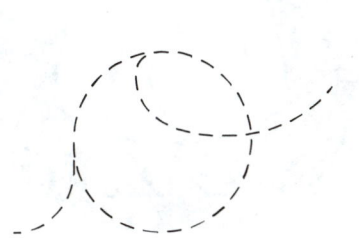

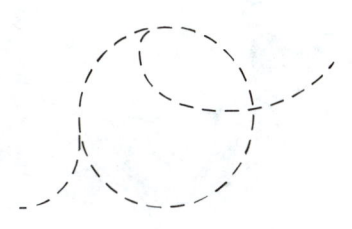

Cubra o tracejado da vogal o e escreva-a dentro de cada ovo.

Vogal u

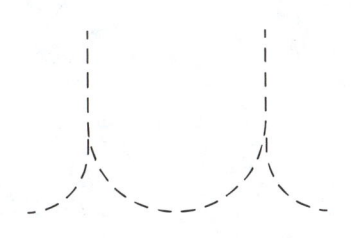

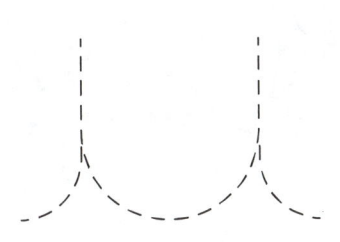

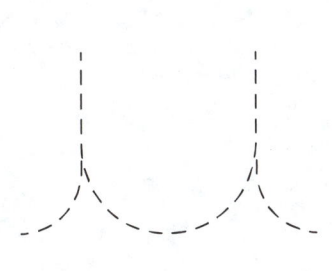

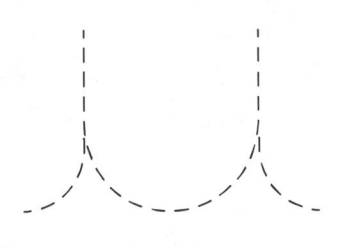

Cubra o tracejado da vogal u e pinte o urso.

Urso

*O guloso ursinho
Adora mel e frutinhas,
Mas é difícil pegá-los
Com as suas fofas patinhas.*

Michele de Souza Lima (Trad.). Urso. In: **Um dia na floresta**. São Paulo: Ciranda Cultural, 2011. p. 1.

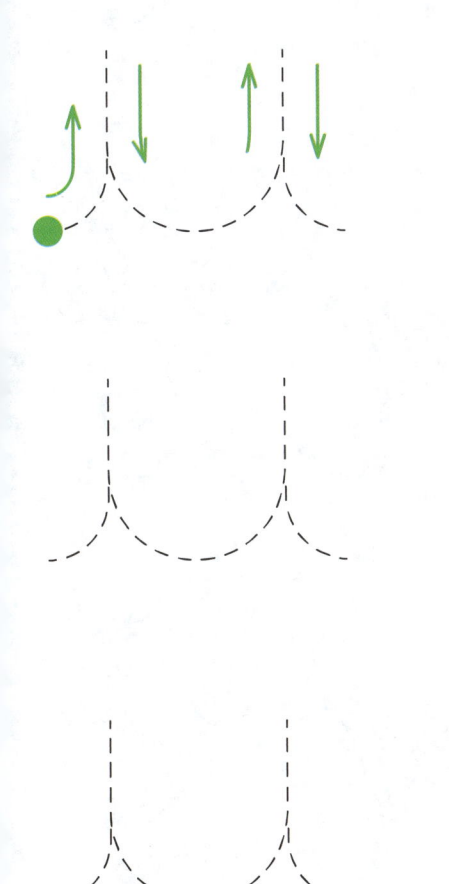

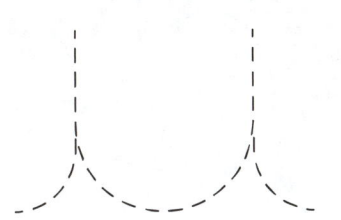

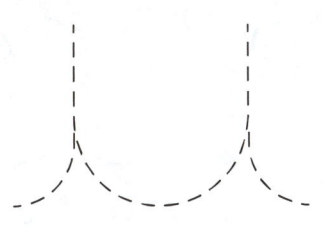

urso

Cubra o tracejado da vogal u e escreva-a dentro de cada unicórnio.

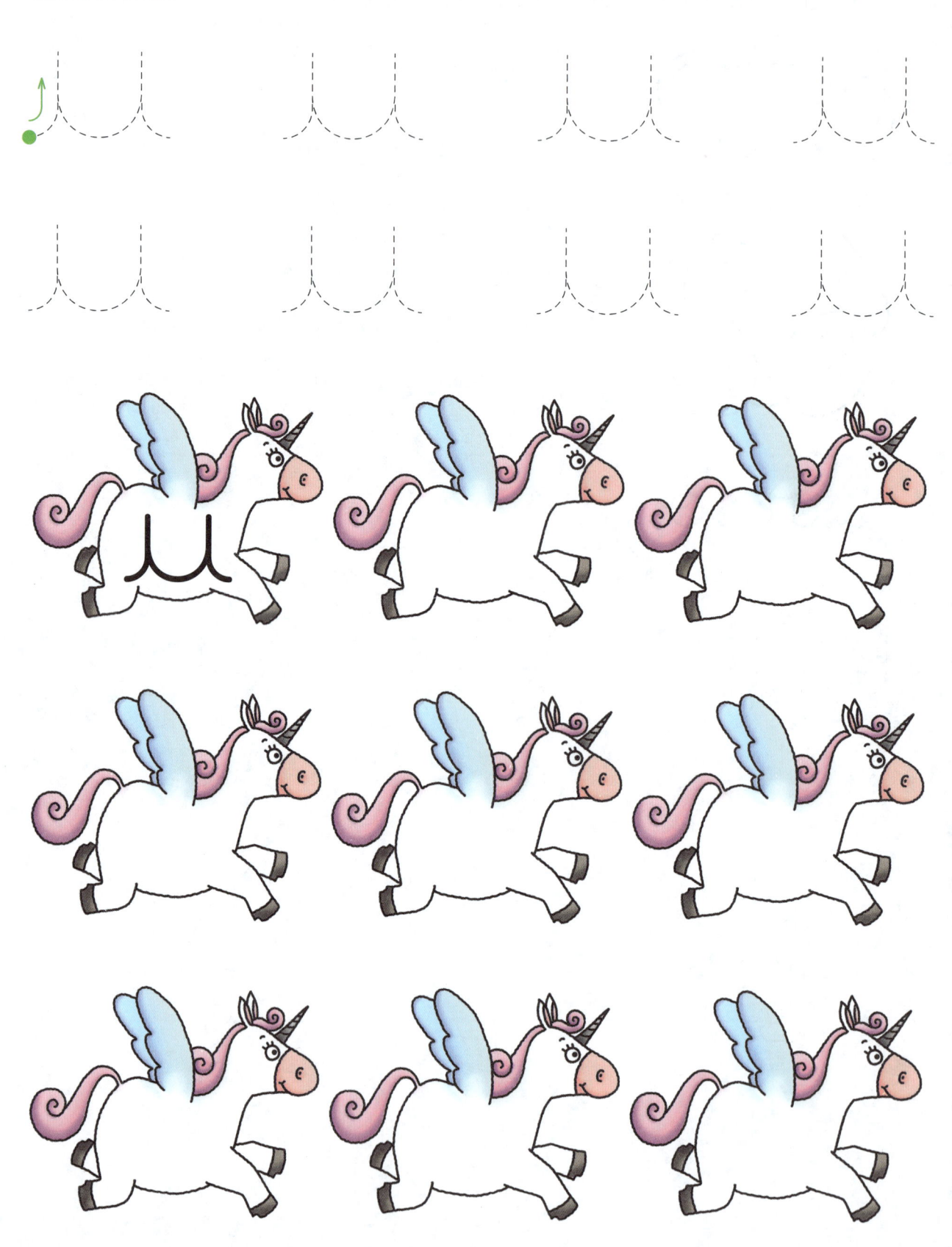

Revendo as vogais

Cubra o tracejado das vogais que você aprendeu e copie-as. Depois, pinte as minhocas.

a　e　i　o　u

29

Preencha a outra asa das borboletas com as vogais indicadas. Depois, pinte as borboletas.

Cubra o tracejado das vogais e depois copie-as.

As consoantes e suas famílias

Conheça a consoante *b*, cubra o tracejado dela e depois copie-a.

b

boneca

Conheça a família do b, cubra o tracejado dela e copie-a. Depois, pinte a figura e leia a palavra.

bola

ba be bi bo bu

ba be bi bo bu

ba be bi bo bu

Conheça a consoante c, cubra o tracejado dela e depois copie-a.

c

coala

34

Conheça a família do _c_, cubra o tracejado dela e copie-a. Depois, pinte a figura e leia a palavra.

cachorro

ca   ce   ci   co   cu

Conheça a consoante d, cubra o tracejado dela e depois copie-a.

d

diadema

36

Conheça a família do d, cubra o tracejado dela e copie-a. Depois, pinte a figura e leia a palavra.

dinossauro

da de di do du

da de di do du

da de di do du

Conheça a consoante f, cubra o tracejado dela e depois copie-a.

formiga

38

Conheça a família do f, cubra o tracejado dela e copie-a. Depois, pinte a figura e leia a palavra.

faca

fa fe fi fo fu

39

Conheça a consoante *g*, cubra o tracejado dela e depois copie-a.

g

galo

Conheça a família do g, cubra o tracejado dela e copie-a. Depois, pinte a figura e leia a palavra.

galinha

ga ge gi go gu

41

Conheça a consoante *h*, cubra o tracejado dela e depois copie-a.

hipopótamo

Conheça a família do h, cubra o tracejado dela e copie-a. Depois, pinte a figura e leia a palavra.

helicóptero

ha he hi ho hu

ha he hi ho hu

ha he hi ho hu

Conheça a consoante *j*, cubra o tracejado dela e depois copie-a.

j

joaninha

44

Conheça a família do j, cubra o tracejado dela e copie-a. Depois, pinte a figura e leia a palavra.

jabuti

ja   je   ji   jo   ju

Conheça a consoante *l*, cubra o tracejado dela e depois copie-a.

lobo

46

Conheça a família do *l*, cubra o tracejado dela e copie-a. Depois, pinte a figura e leia a palavra.

leão

la   le   li   lo   lu

47

Conheça a consoante m, cubra o tracejado dela e depois copie-a.

macaco

48

Conheça a família do m, cubra o tracejado dela e copie-a. Depois, pinte a figura e leia a palavra.

mamãe

ma me mi mo mu

ma me mi mo mu

ma me mi mo mu

Conheça a consoante m, cubra o tracejado dela e depois copie-a.

m

moiva

50

Conheça a família do m, cubra o tracejado dela e copie-a. Depois, pinte a figura e leia a palavra.

memê

ma me mi mo mu

ma me mi mo mu

ma me mi mo mu

Conheça a consoante p, cubra o tracejado dela e depois copie-a.

p

pintinho

52

Conheça a família do p, cubra o tracejado dela e copie-a. Depois, pinte a figura e leia a palavra.

pato

pa   pe   pi   po   pu

pa   pe   pi   po   pu

pa   pe   pi   po   pu

53

Conheça a consoante q, cubra o tracejado dela e depois copie-a.

q

quati

54

Conheça a família do q, cubra o tracejado dela e copie-a. Depois, pinte a figura e leia a palavra.

quimono

qua que qui quo

55

Conheça a consoante ɳ, cubra o tracejado dela e depois copie-a.

ɳ

ɳei

56

Conheça a família do r, cubra o tracejado dela e copie-a. Depois, pinte a figura e leia a palavra.

rato

ra   re   ri   ro   ru

ra   re   ri   ro   ru

ra   re   ri   ro   ru

Conheça a consoante s**, cubra o tracejado dela e depois copie-a.**

sapo

58

Conheça a família do ♪, cubra o tracejado dela e copie-a. Depois, pinte a figura e leia a palavra.

sapatos

sa   se   si   so   su

sa   se   si   so   su

sa   se   si   so   su

Conheça a consoante t, cubra o tracejado dela e depois copie-a.

tigre

60

Conheça a família do t, cubra o tracejado dela e copie-a. Depois, pinte a figura e leia a palavra.

telefone

ta te ti to tu

ta te ti to tu

ta te ti to tu

Conheça a consoante v, cubra o tracejado dela e depois copie-a.

vovó

Conheça a família do v, cubra o tracejado dela e copie-a. Depois, pinte a figura e leia a palavra.

vela

va ve vi vo vu

63

Conheça a consoante x, cubra o tracejado dela e depois copie-a.

xilofone

64

Conheça a família do x, cubra o tracejado dela e copie-a. Depois, pinte a figura e leia a palavra.

xarope

XAROPE

xa   xe   xi   xo   xu

xa   xe   xi   xo   xu

xa   xe   xi   xo   xu

65

Conheça a consoante z, cubra o tracejado dela e depois copie-a.

zebra

66

Conheça a família do *z*, cubra o tracejado dela e copie-a. Depois, pinte a figura e leia a palavra.

ZOOLÓGICO

zoológico

za   ze   zi   zo   zu

67

As letras **k**, **w** e **y** também pertencem ao nosso alfabeto. Elas são utilizadas em nomes próprios, nomes de origem estrangeira, símbolos de uso internacional, entre outros casos.

Conheça a consoante *k*, cubra o tracejado dela e depois copie-a.

k

karaoke

Conheça a consoante w, cubra o tracejado dela e depois copie-a.

waffle

69

Conheça a consoante y, cubra o tracejado dela e depois copie-a.

y

yoga

70

Alfabeto

Cubra o tracejado das letras minúsculas do alfabeto.

a b c d e f g
h i j k l m n
          ñ   t
o p q r s   u
    ʃ
v w x y z

Números

De 0 a 9

Cubra o tracejado e continue escrevendo o número 0 (zero).

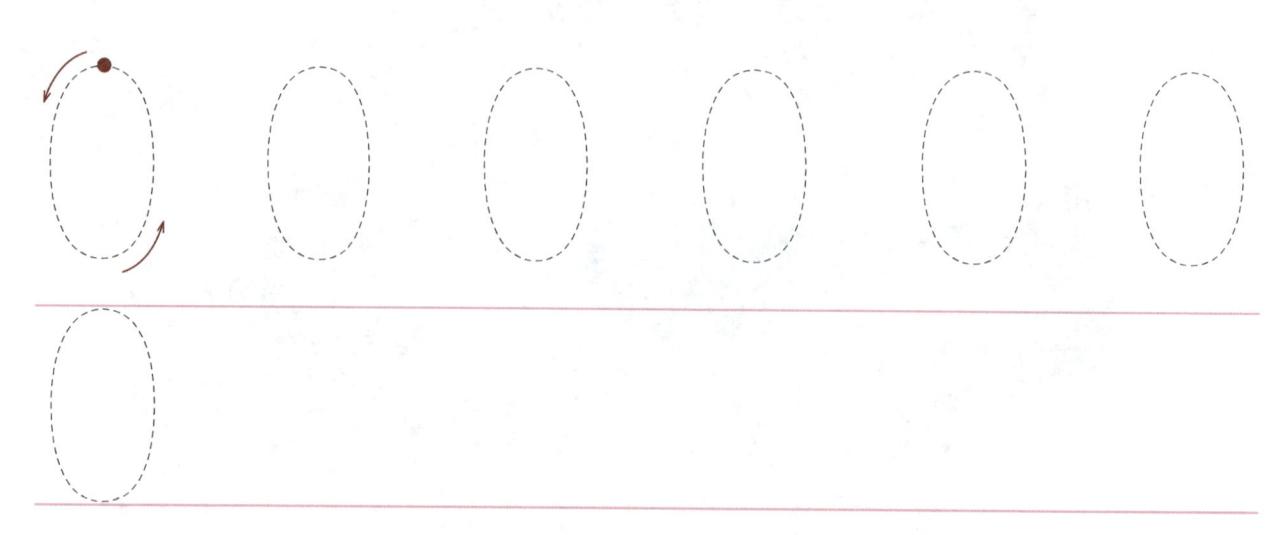

Pinte o número 1 (um), depois cubra o tracejado e continue escrevendo este número.

Pinte o número 2 (dois) e a quantidade de bolinhas que ele representa. Depois, cubra o tracejado e continue escrevendo este número.

73

Pinte o número 3 (três) e a quantidade de bolinhas que ele representa. Depois, cubra o tracejado e continue escrevendo este número.

Pinte o número 4 (quatro) e a quantidade de bolinhas que ele representa. Depois, cubra o tracejado e continue escrevendo este número.

Pinte o número 5 (cinco) e a quantidade de bolinhas que ele representa. Depois, cubra o tracejado e continue escrevendo este número.

Pinte o número 6 (seis) e a quantidade de bolinhas que ele representa. Depois, cubra o tracejado e continue escrevendo este número.

Pinte o número 7 (sete) e a quantidade de bolinhas que ele representa. Depois, cubra o tracejado e continue escrevendo este número.

Pinte o número 8 (oito) e a quantidade de bolinhas que ele representa. Depois, cubra o tracejado e continue escrevendo este número.

Pinte o número 9 (nove) e a quantidade de bolinhas que ele representa. Depois, cubra o tracejado e continue escrevendo este número.

Revendo os números

Conte os passarinhos, cubra o tracejado e escreva nos quadros os números de 0 a 9.

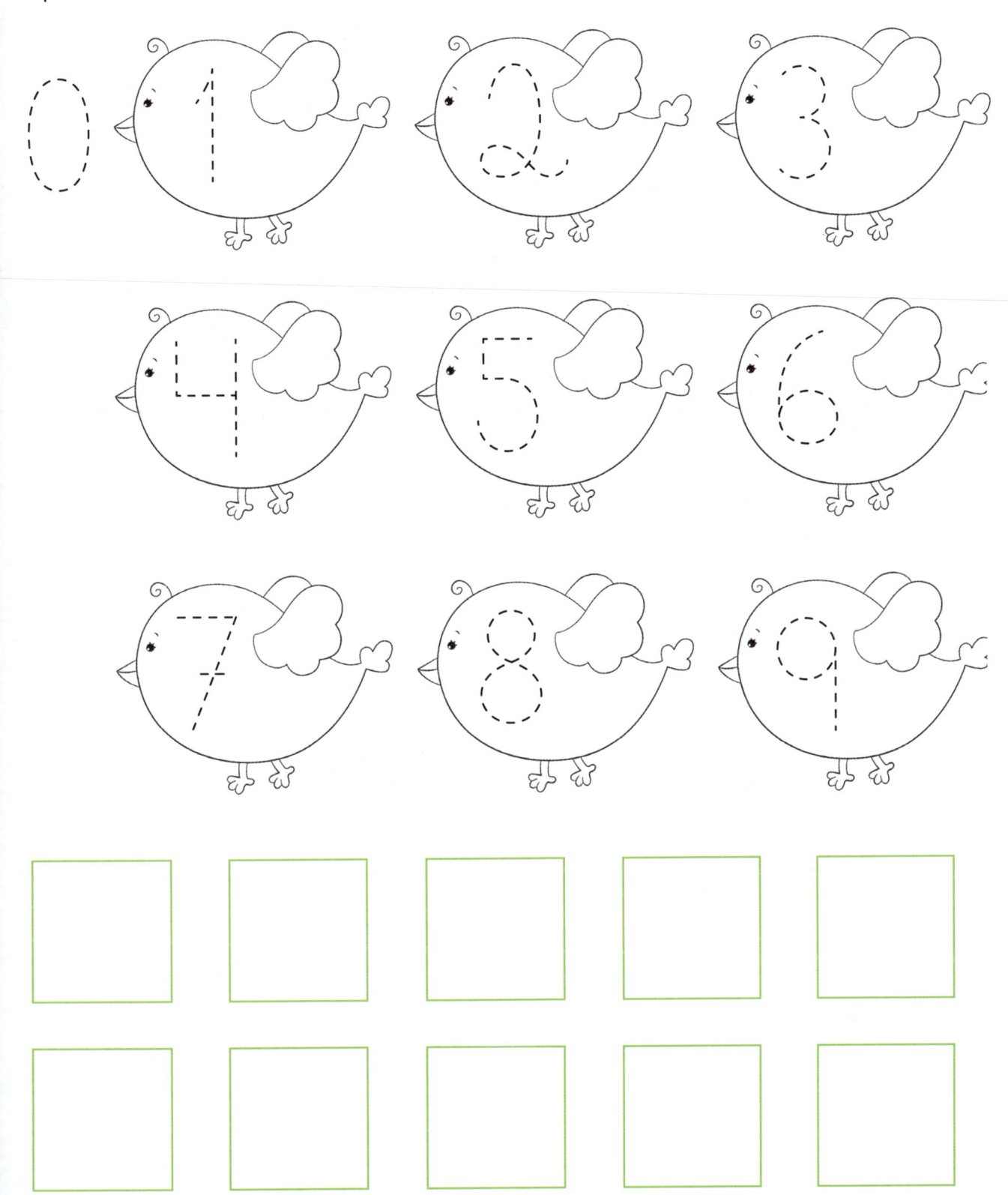

Números até 29

Conte até 10 e copie os números. Depois, circule o número que representa sua idade.

1   2   3   4   5

___ ___ ___ ___ ___

6   7   8   9   10

___ ___ ___ ___ ___

Cubra o tracejado e conheça a família do 10.

10   11   12   13   14
15   16   17   18   19

Cubra o tracejado e conheça a família do 20.

20   21   22   23   24
25   26   27   28   29

Figuras geométricas
Círculo

O círculo é uma figura geométrica que tem uma região plana de contorno arredondado.

Contorne a bola, cubra os pontilhados e desenhe outros círculos.

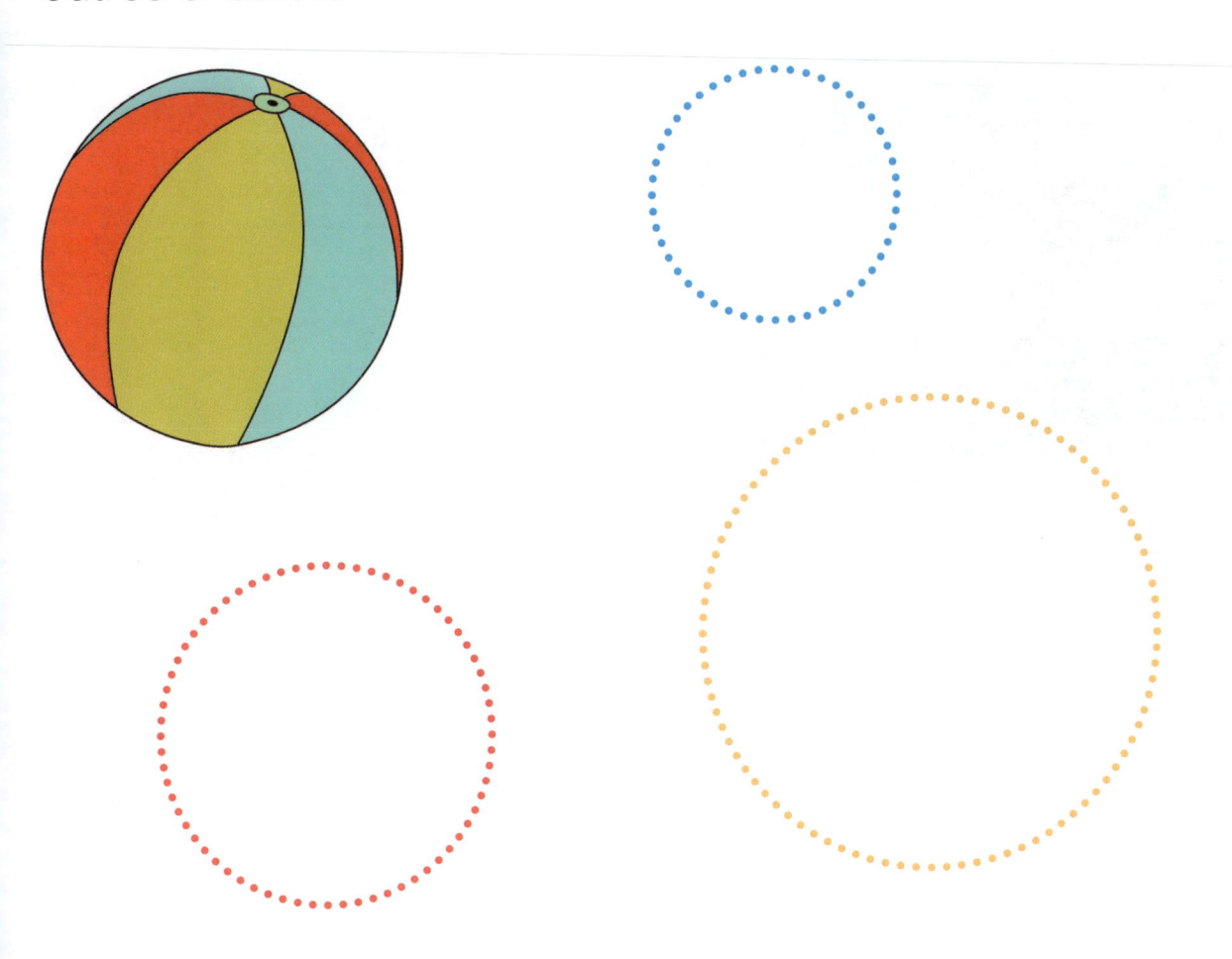

Quadrado

O quadrado é uma figura geométrica que tem quatro lados iguais.

Pinte a moldura do quadro, cubra os pontilhados e desenhe outros quadrados.

Triângulo

O triângulo é uma figura geométrica que tem três lados.

Pinte o telhado da casinha, cubra os pontilhados e desenhe outros triângulos.

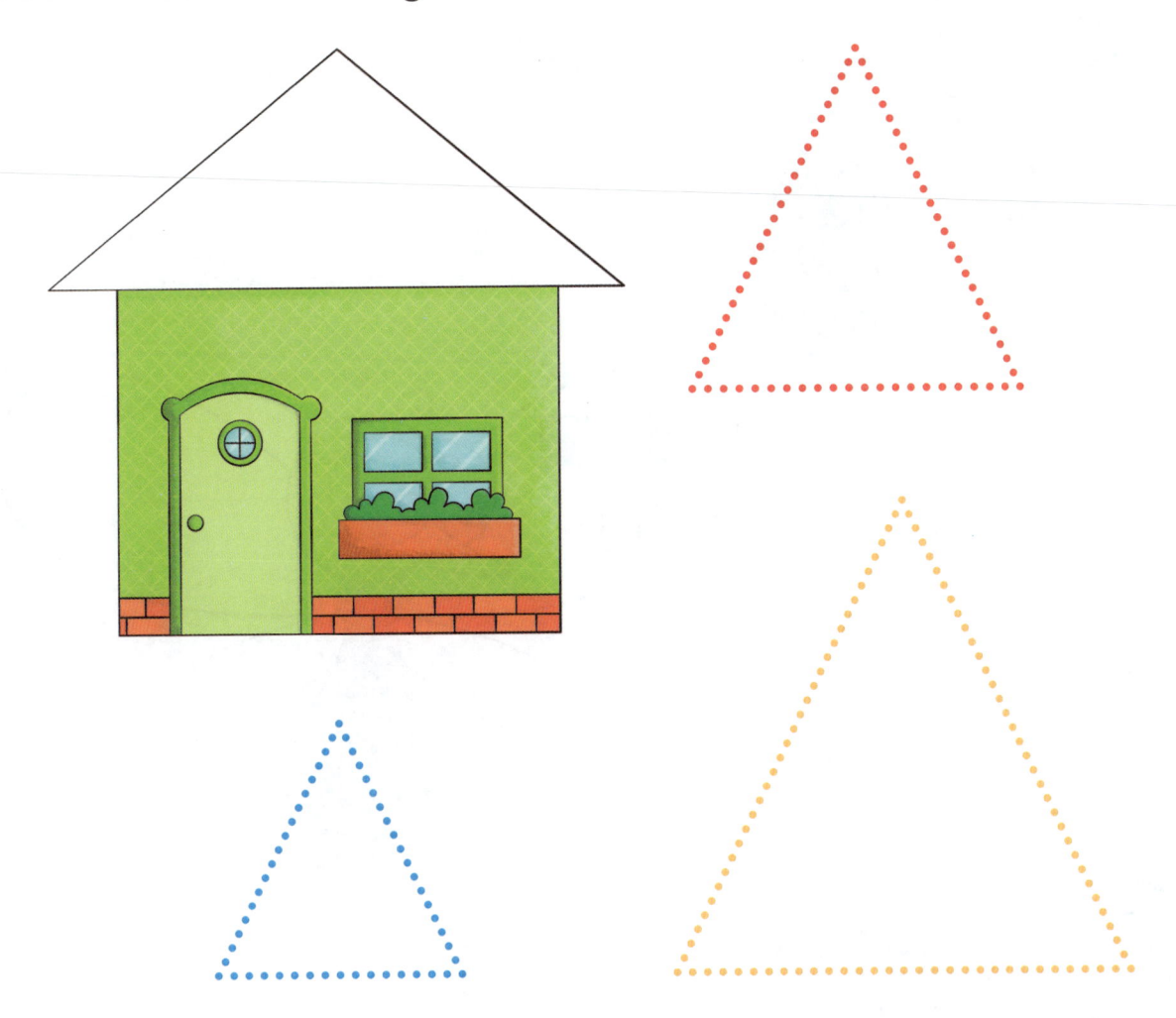

85

Revendo as figuras geométricas

Complete a asa de cada mosquito observando a forma e a cor das figuras geométricas.

Datas comemorativas
Páscoa

Cubra os tracejados para ver qual ovo de Páscoa pertence a cada coelho. Depois, pinte os coelhinhos.

Cubra o tracejado das palavras a seguir.

Páscoa   ovo

coelho

87

Dia do Índio – 19 de abril

Cubra os tracejados e pinte os índios.

Cubra o tracejado das palavras a seguir.

índio   cocar

oca

Dia das Mães – 2º domingo de maio

Complete a flor desenhando as pétalas que faltam. Depois, pinte-a e mostre-a à sua mamãe ou à pessoa que cuida de você.

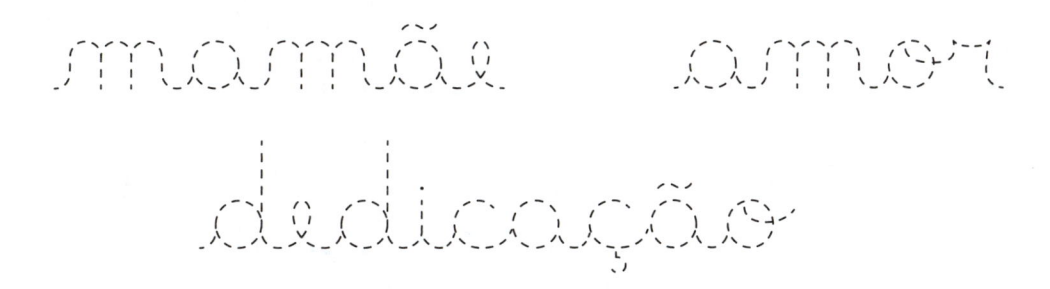

Cubra o tracejado das palavras a seguir.

mamãe   amor

dedicação

Festas Juninas – mês de junho

Continue pintando a maçã do amor fazendo pontinhos com cotonete e tintas coloridas.

Cubra o tracejado das palavras a seguir.

fogueira quadrilha

caipira

Dia dos Pais – 2º domingo de agosto

Complete o desenho do superpapai. Depois, pinte-o e mostre-o a seu papai ou à pessoa que cuida de você.

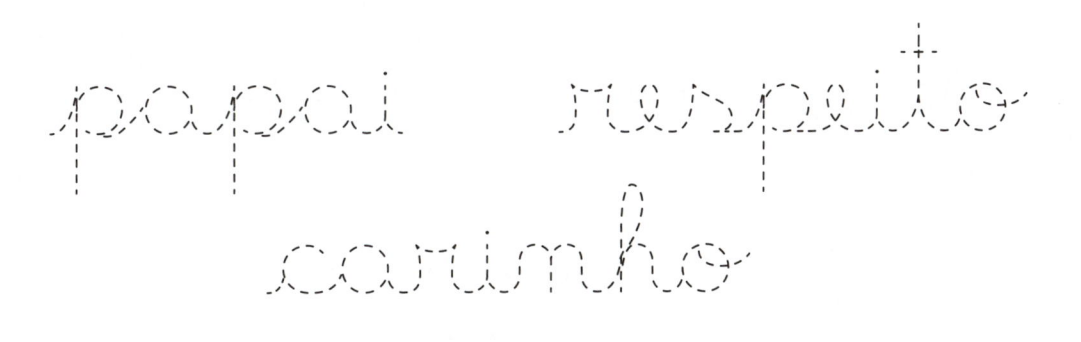

Cubra o tracejado das palavras a seguir.

papai   respeito

carinho

Dia da Árvore – 21 de setembro

Pinte os espaços que têm pontinhos nas cores indicadas e encontre uma bonita árvore.

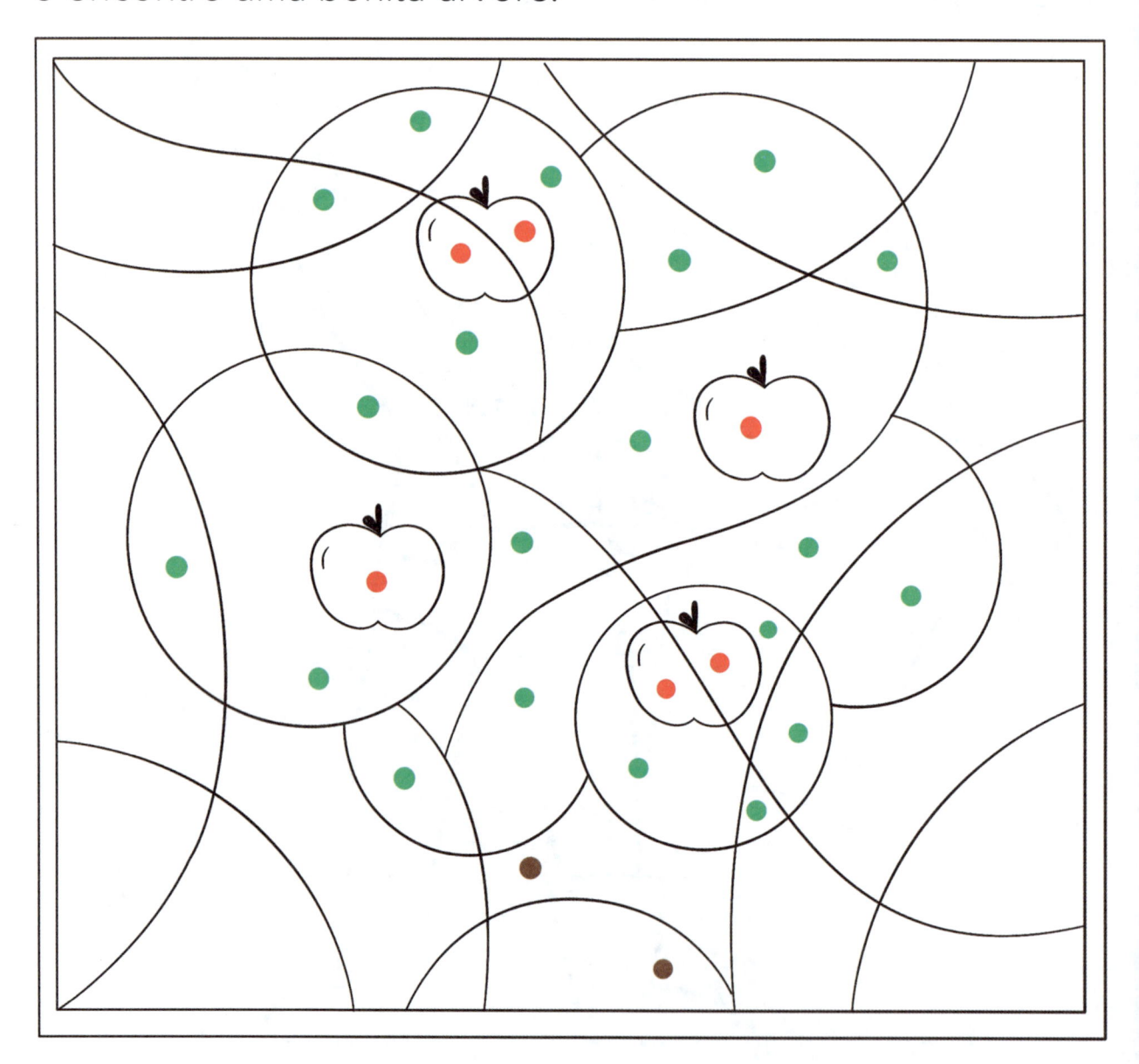

Cubra o tracejado das palavras a seguir.

árvores natureza

plantas

Dia Mundial dos Animais – 4 de outubro

Cubra os tracejados e continue desenhando as penas no corpo da galinha.

Cubra o tracejado das palavras a seguir.

animais cuidados
proteção

Dia da Criança – 12 de outubro

Use lápis de cor para continuar a fazer as estampas da roupa do palhaço.

Cubra o tracejado das palavras a seguir.

criança   brincar

alegria

Dia do Professor – 15 de outubro

Pinte estas flores para ofertar a seu professor.

Cubra o tracejado das palavras a seguir.

professor trabalho
especial

Pinte o leãozinho bem bonito.

Parabéns, criança!
Este livro terminou, mas no ano que vem tem mais!